孩子最爱看的海盗奥秘传奇

奥秘天下

HAIZI ZUI AI KAN DE
HAIDAO
AOMI CHUANQI

AOMI TIA

主编 崔钟雷

北方联合出版传媒（集团）股份有限公司
万卷出版公司

前言
PREFACE

没有平铺直叙的语言，也没有艰涩难懂的讲解，这里却有你不可不读的知识，有你最想知道的答案，这里就是《奥秘天下》。

这个世界太丰富，充满了太多奥秘。每一天我们都会为自己的一个小小发现而惊喜，而《奥秘天下》是你观察世界、探索发现奥秘的放大镜。本套丛书涵盖知识范围广，讲述的都是当下孩子们最感兴趣的知识，既有现代最尖端的科技，又有源远流长的古老文明；既有驾驶海盗船四处抢夺的海

盗，又有开着飞碟频频光临地球的外星人……这里还有许多人类未解之谜、惊人的末世预言等待你去解开、验证。

　　《奥秘天下》系列丛书以综合式的编辑理念，超海量视觉信息的运用，作为孩子成长路上的良师益友，将成功引导孩子在轻松愉悦的氛围内学习知识，得到切实提高。

编　者

奥秘天下
AOMI TIANXIA

孩子最爱看的
海盗奥秘传奇
HAIZI ZUI AI KAN DE
HAIDAO AOMI CHUANQI

目录
CONTENTS

奥秘天下
AOMI TIANXIA
孩子最爱看的
海盗奥秘传奇
HAIZI ZUI AI KAN DE
HAIDAO AOMI CHUANQI

Chapter 3 中东海盗

目录

CONTENTS

Chapter 4　加勒比海盗

奥秘天下
AOMI TIANXIA

孩子最爱看的
海盗奥秘传奇
HAIZI ZUI AI KAN DE
HAIDAO AOMI CHUANQI

Chapter 5 东方海盗

目录
CONTENTS

CHAPTER 1 第一章

地中海海盗

　　地中海被亚、欧、非三大洲包围，作为世界上最古老的海，它从来不缺少传奇故事。而地中海海盗则将地中海的传奇演绎地淋漓尽致。

海盗行为与英雄传说

AOMI TIANXIA

hǎi dào yì cí lái yuán yú xī là yǔ gǔ xī là
海盗一词来源于希腊语。古希腊

rén yǐ hǎi móushēng gù chūxiàn hǎidàobìng bù xī qí
人倚海谋生,故出现海盗并不稀奇。

zài gǔ xī là xià hǎi xún qiú shēng jì de nán zǐ bèi
在古希腊,下海寻求生计的男子被

chēngwéi hǎi dào hǎi dào yǔ cóng shì yóu mù nóng
称为"海盗",海盗与从事游牧、农

zuò bǔ yú shòu liè bìng liè wéi wǔ zhǒng jī běn móu
作、捕鱼、狩猎并列为五种基本谋

shēngshǒuduàn hǎi dào yì cí zài dāng shí bìngméiyǒu
生手段。"海盗"一词在当时并没有

biǎn dī zhī yì hǎi dàohuódòng yě bìngwèi bèi rèn wéi shì
贬低之意,海盗活动也并未被认为是

阿伽门农

据《荷马史诗》中记载,主帅阿伽门农率领希腊联军攻打特洛伊。

▼《荷马史诗》中的战神阿莫斯在制造兵器。

海盗的称谓

世界上有很多典籍都记载了海盗的行为,也因此出现了许多海盗的专属称谓,如我国明代东南沿海的"倭寇"指日本海盗;英文中"buccaneer"指17、18世纪在西印度群岛附近的海盗。现在的索马里海盗称自己为"海上防卫队"。

kě chǐ de zhè xiē zài   hé mǎ shǐ shī
可耻的。这些在《荷马史诗》

zhōng yě néng kuī jiàn dào duān ní
中也能窥见到端倪。

hé mǎ shǐ shī bāokuò   yī lì yà
《荷马史诗》包括《伊利亚

tè hé   ào dé sài   yī lì yà tè
特》和《奥德赛》。《伊利亚特》

miáo xiě de shì tè luò yī zhàn zhēng   qí
描写的是特洛伊战争，其

zhōng xī là lián jūn gōng dǎ tè luò yī chéng
中希腊联军攻打特洛伊城

shí jì shang jiù shì yí cì dà guī mó de yǒu
实际上就是一次大规模的有

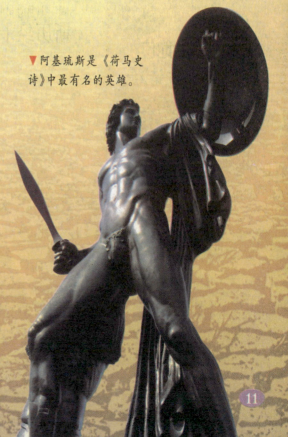

▼ 阿基琉斯是《荷马史诗》中最有名的英雄。

写作手法

《荷马史诗》的写作手法非常精彩，荷马将丰富的想象力充分融入到写作当中，他大量使用明喻和暗喻的修辞方法，使史诗更加生动。

《荷马史诗》的地位

《荷马史诗》是希腊最伟大的文学作品，也是最伟大的西方文学作品，它为西方文学提供了无数题材，堪称"希腊的圣经"。

组织的海盗活动，连他们的船舶都是按照古时海盗船的式样建造的。战役中的英雄阿基琉斯就是海盗，他与阿伽门农之间的矛盾也是因为分赃不均引起的。《奥德赛》讲述的是献上木马计攻破特洛伊城的英雄奥德修斯历经十年的海上漂泊回家的故事。

与阿基琉斯一样，奥德修斯也是一名海盗，关于他的海盗经历书中时时可见。

很多古希腊英雄都是海盗出身，他们掠夺财富、美女、领地的行为也是明显的海盗行为。看来英雄和海盗似乎有着极其微妙的关系呢。

奥德修斯

英雄奥德修斯虽然历经磨难，但矢志不渝。

《荷马和他的向导》

据说荷马是一位盲诗人，所以需要向导给他带路。但他却写出了惊世之作《荷马史诗》。

海盗船

古希腊时期的海盗船已经非常先进，横行海上。

米诺斯王的胜利
AOMI TIANXIA

ài qín hǎi shang zhǔ yào yǒu liǎng dà hǎi dào huó dòng zhōng xīn yí gè shì ài qín hǎi
爱琴海上主要有两大海盗活动中心，一个是爱琴海

shang zuì dà de dǎo yǔ kè lǐ tè dǎo lìng yí gè shì sà mó sī dǎo ér mǐ nuò sī
上最大的岛屿——克里特岛，另一个是萨摩斯岛。而米诺斯

wáng shì kè lǐ tè dǎo yuē zài gōng yuán qián qián nián jiān de mǐ nuò sī wáng
王是克里特岛约在公元前2300~前1500年间的米诺斯王

cháo de tǒng zhì zhě
朝的统治者。

宫殿遗址
    希腊克里特岛克
诺索斯宫殿遗址。

▲克里特岛上代表着米诺斯文明的克诺索斯宫殿遗址。

米诺斯王朝时期,爱琴海海盗活动极为普遍。米诺斯王为了维护自身的利益,他建立了世界上最早的海军来镇压海盗活动。在几次大镇压之后,猖獗的海盗活动终于被压制了下来。从此,他被称为"海上统治者"。后来,为了防止海盗们东山再起,米

nuò sī wáng xià le yí gè yán gé de mìng lìng jí suǒ yǒu de
诺斯王下了一个严格的命令,即所有的

hǎi chuán rén yuán pèi bèi bù dé chāo guò gè rén
海船人员配备不得超过5个人。

rén men rèn wèi mǐ nuò sī wáng zhèng shì jīng guò duō
人们认为,米诺斯王正是经过多

nián xuè yǔ xīng fēng de sī shā cái jī lěi xià le kè nuò suǒ
年血雨腥风的厮杀,才积累下了克诺索

▲关于克里特岛的传说构成了希腊神话的基础。 ▲人们发现了米诺斯迷宫的遗址。

斯宫殿的财富,建立起强大的米诺斯国家。其实,上述所说并非空穴来风,因为古希腊的历史学家希罗多德和修昔底德就曾在自己的作品中描述过米诺斯王在海上称霸的事情。

米诺斯迷宫

传说,米诺斯因为得罪了海神波塞冬,海神便让米诺斯的王后帕西法厄爱上了一头白色的公牛,后来,王后生下了一只牛首人身的怪物叫做米诺陶洛斯。米诺斯下令让人修建一座迷宫以此来关押怪物,这就是米诺斯迷宫的由来。

▲ 海盗船。

萨摩斯岛的海盗

AOMI TIANXIA

sà mó sī dǎo yīn yù yán jiā yī suǒ hé xī là shù xué jiā bì dá gē
萨摩斯岛因寓言家伊索和希腊数学家毕达哥

lā sī ér wénmíng dàn hái yǒu yí wèi rén wù wǒ men bù de bù tí yí xià
拉斯而闻名，但还有一位人物我们不得不提一下，

tā jiù shì hǎi dào bō lì kè lā tè sī
他就是海盗波利克拉特斯。

bō lì kè lā tè sī běn shì dì zhōng hǎi dì qū de yì míng hǎi dào
波利克拉特斯本是地中海地区的一名海盗，

tā shā sǐ le xiōng dì fàng zhú le qīn rén qǔ dé le sà mó sī dǎo de dú
他杀死了兄弟、放逐了亲人取得了萨摩斯岛的独

裁权。之后,波利克拉特斯表面上循规蹈矩地从事海上贸易,暗地里却干着海盗勾当敛财。凭借着自己由百艘舰船组成的庞大舰队,波利克拉特斯令所有过往爱琴海的海盗船望风而逃。这位叱咤风云的海盗最后被波斯人钉死在十字架上,而萨摩斯岛也被波斯人占领了。

▲ 波利克拉特斯驾驶过的海盗船。

▲ 萨摩斯岛上的宫殿遗址。

▲ 萨摩斯岛景色优美。

海盗与恺撒的恩怨纠缠

AOMI TIANXIA

guì zú chūshēn de kǎi sā cóngxiǎobiànyǒuzhēng fú shì
贵族出身的恺撒从小便有征服世

jiè huò dé zuì gāoquán lì yǔ róng yù de hóng wěi zhì xiàng
界,获得最高权力与荣誉的宏伟志向。

gōngyuánqián nián tā dào luó dé dǎoxué xí yǎnjiǎng hé
公元前76年,他到罗德岛学习演讲和

xiū cí xué guī tú zhōng yù dào le qí lǐ qǐ yà hǎi dào
修辞学,归途中遇到了奇里乞亚海盗。

hǎi dàodēngchuán zhī hòu jiāngchuánshang de huò wù qián
海盗登船之后,将船上的货物、钱

▲海盗地图。

罗马士兵
　　罗马军团的士兵
一向以骁勇善战著
称,纪律严明,阵型
紧凑。

cái xǐ jié yì kōng dāng kàn dào kǎi sā chuān zhuó
财洗劫一空。当看到恺撒穿着

bù sú shí biàn jué dìng liú xià tā zuò rén zhì huàn qǔ
不俗时，便决定留下他作人质换取

shú jīn ér zhèn dìng zì ruò de kǎi sà zì jiā shēn
赎金。而镇定自若的凯撒自加身

jià shuō zì jǐ zhì shǎo zhí tài
价，说自己至少值50泰

lún tuō gǔ luó mǎ huò bì dān
伦脱（古罗马货币单

wèi yú shì tā bèi hǎi dào dài
位）。于是，他被海盗带

huí zhù dì
回驻地。

zài hǎi dào zhù dì kǎi sā
在海盗驻地，恺撒

▲罗马帝国征战图。

▲海上争霸战。

海盗宝藏

海盗一般唯利是图，抢劫财宝是他们唯一的目标，现在很多地方都因为传说埋有海盗的宝藏而闻名。这些传闻引发了人们的寻宝热。

文武双全

恺撒不仅是卓越的军事家，还是一位文学家，他的作品《高卢战记》、《内战记》流传于世。

21

不仅听海盗讲述奇闻轶事，甚至还对海盗朗读诗歌和发表演讲。但他曾郑重地对海盗说："终有一天，你们都会落到我的手中，我会让你们都上十字架。"

38天后，恺撒被50泰伦脱赎了回来。他立即带领军队到海盗窝点将正在分赃的海盗一网打尽。后又自作主张将350名海

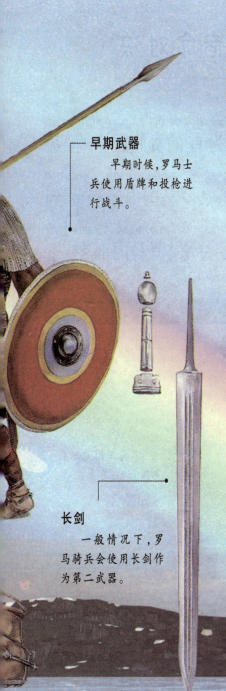

早期武器

　　早期时候,罗马士兵使用盾牌和投枪进行战斗。

长剑

　　一般情况下,罗马骑兵会使用长剑作为第二武器。

盗全部处以死刑,30名海盗头目则被钉死在十字架上,实现了自己的誓言。

　　这次清剿海盗的行动中恺撒获得了大量的财物。多年之后,他终于实现了问鼎罗马最高政权的夙愿,被推举为终身独裁官。

恺撒之死 ?

　　恺撒因为想恢复帝制而引起人们的不满。公元前44年3月15日,恺撒在没有任何防备的情况下前往元老院参加会议。当他在元老院就座后,阴谋者便向他围拢过来,包括他的养子布鲁图。最后,恺撒身重23刀倒地身亡。

海盗与庞培的宿命对决

AOMI TIANXIA

在以马略为首的民主派和以苏拉为首的贵族派斗争最激烈的罗马时代,海盗活动非常猖獗,罗马国内经济受到影响,人们安全受到威胁。在这紧要关头,罗马内部终于

罗马人崇尚武力,擅长近距离搏杀。

罗马军团是职业部队,训练有素。

古罗马时代,士兵一般使用青铜武器。

出身

庞培是贵族出身,从小受到良好的教育,酷爱军事。

①

战败

庞培在法萨卢战役中被凯撒打败。

②

停止内讧，任命军人出身的庞培来打击海盗活动。

格涅乌斯·庞培战绩卓著，却野心勃勃，企图利用围剿海盗的行动来为自己的政治生涯增加筹码。公元前67年，庞

▲海盗抢劫情形。

凶残的庞培

庞培是一个凶残嗜杀，为达目的不择手段的人。斯巴达克斯起义失败后，庞培赶到战场时，起义已经被克拉苏平定，庞培深心不愿，将5 000多名奴隶捉来，不分男女老幼钉在十字架上，让他们流血致死。

海盗的欲望

海盗对金钱、美女的掠夺是永无止境的。

猖獗的海盗

当时的海盗与罗马骑士贵族勾结，还从事贩卖人口的勾当。

培率领12万大军采取重点出击和全面围剿相结合的方法，有步骤地消灭海盗，取得了阶段性的胜利。他又允诺，凡不战而降的海盗皆可得到赦免。于是，仅用三个月，庞培就基本肃清了海盗，他得到了罗马人的崇拜。

CHAPTER 2 第二章
北欧海盗

　　公元 8~11 世纪，欧洲的沿海和各大岛屿遍布着维京人的足迹，他们被称为北欧海盗，这一时期也被称为"维京时代"。

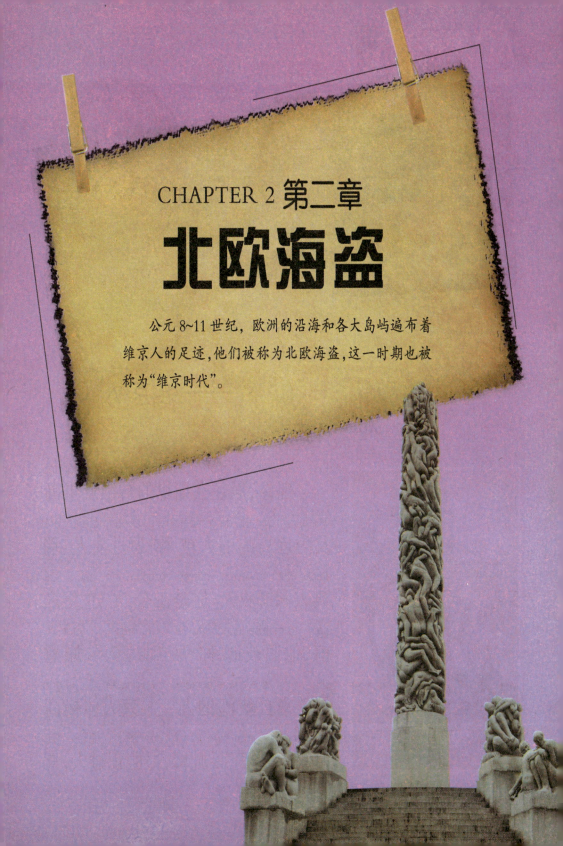

浮雕

表现维京海盗征战的浮雕。

▲ 维京人的图标。

传奇民族——维京人

AOMI TIANXIA

xiàn zài   jū zhù zài sī kān dí nà wéi yà bàn dǎo
现在，居住在斯堪的纳维亚半岛

jí fù jìn dǎo yǔ de rén bèi chēng wéi dān mài rén ruì
及附近岛屿的人被称为丹麦人、瑞

diǎn rén hé nuó wēi rén dàn shì zài gōng yuán shì jì zhī
典人和挪威人。但是在公元8世纪之

qián tā men bèi tōng chēng wéi   wéi jīng rén   yuán yì
前，他们被通称为"维京人"，原意

shì   lái zì xiá wān de rén   wéi jīng rén tǐ gé gāo
是"来自峡湾的人"。维京人体格高

dà   tōng cháng mǎn miàn qiú rán dàn dǎn shí guò rén   xǐ
大，通常满面虬髯，但胆识过人，喜

huān mào xiǎn bèi yì xiē ōu zhōu guó jiā shì wéi yě mán mín zú
欢冒险,被一些欧洲国家视为"野蛮民族"。

gōng yuán qián nián gǔ dài de wéi jīng rén lì yòng sī kān dí nà wéi yà dì qū
公元前4000年,古代的维京人利用斯堪的纳维亚地区

fēng fù de mù cái zī yuán zào chū le chuán zhī bìng néng xián shú
丰富的木材资源造出了船只,并能娴熟

jià yù tóng shí tā men cóng shì nóng gēng yǐ xún lù de ròu
驾驭。同时,他们从事农耕,以驯鹿的肉

维京人雕像

维京人强健的体魄使他们
能够在险恶的环境中生存。

强悍的战士

从孩提时代开始,维京人就进行着各种激烈的、竞争
性的比赛。在冰天雪地的斯堪的纳维亚半岛,只有内心坚
韧的人才能生存下来。维京人好战、勇猛,他们认为"懦弱
是罪恶,力量是善良"。

和奶作为食物。公元前1500年左右,维京人已经乘着船只横渡北海,去爱尔兰和英格兰进行商贸活动了。到公元6世纪时,斯堪的纳维亚半岛已是一片繁荣的商贸天地。

由于人口增长迅速,生活资料匮乏。在公元9世纪时,斯堪的纳维亚本土局势开始动荡不安,于是,一些头领便带

家族生活

维京人过着家族生活,所有亲人都生活在一个屋檐下。

维京人的职业

并不是所有的维京人都是海盗,大多数维京人从事农业生产。

着部下远渡重洋,开始了海上探险生涯,他们出海劫掠,成为了海盗。但也与维京人骨子里就具有的强烈向外扩张的欲望脱不开干系。后来,维京人做海盗出了名,以至于海盗成了维京人的代名词。

统一挪威的"海盗国王"

AOMI TIANXIA

哈拉尔德所在的国家是挪威历史上众多小王国之一,但由于父亲打下的良好基础,哈拉尔德即位后,国家繁荣昌盛。

当哈拉尔德向挪威西南海岸的霍兰达王国的美貌公主居达求婚时,遭到居达拒绝。居达说她要等"他为她统一了

国王哈拉尔德

作为一位国王,哈拉尔德拥有庞大的财富,但对权力的欲望使他开始了征战。

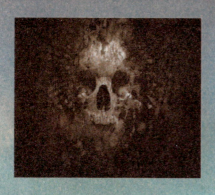

"最后的维京人"

哈拉尔德被称为
"金发王",也被称为
"最后的维京人"。

zhěng gè nuó wēi zhī shí cái huì jià gěi hā lā ěr dé hā lā ěr dé tīng dào zhè yàng de jù
整 个挪威之时"才会嫁给哈拉尔德。哈拉尔德听到这样的拒

jué hòu jué xīn tǒng yī zhěng gè nuó wēi bìng fā shì zài tǒng yī zhěng gè nuó wēi zhī qián
绝后决心统一 整 个挪威,并发誓"在统一 整 个挪威之前,

标志

哈拉尔德的死标志
着北欧海盗在欧洲疯狂
扩张年代的终结。

▲ 表现哈拉尔德海上作战的画作。

纪念碑
　挪威一处广场上的纪念碑。

jiāng bú zài xiū shì dǎ bàn　yě bú zài xiū jiǎn tóu fa
将不再修饰打扮，也不再修剪头发。"

bù jiǔ　hā lā ěr dé kāi shǐ fā dòng duì wài
不久，哈拉尔德开始发动对外

zhàn zhēng　zài zhàn zhēng zhōng hā lā ěr dé cǎi qǔ
战争。在战争中哈拉尔德采取

le hǎi dào shì de zuò fǎ　tā de jūn duì suǒ dào zhī
了海盗式的做法，他的军队所到之

chù　chéng wéi le xuè yǔ huǒ de zhàn chǎng　hǎi dào
处，成为了血与火的战场，"海盗

guó wáng　de mínghào yě yuè chuán yuè yuǎn　yì fān sī
国王"的名号也越传越远。一番斯

好去处
　现在的挪威环境优美，是旅游度假的好去处。

▲哈拉尔德征战英格兰
时的军事形势图。

^{shā hé zhēngzhàn zhī hòu} ^{dà bù fen xiǎowángguó bèi zhēng fú} ^{zuì hòu lián jū dá suǒ zài de}
杀和 征 战之后,大部分小 王 国被 征 服,最后连居达所在的
^{huò dá lán wáng guó yě miè wáng le} ^{gōng yuán shì jì mò} ^{hā lā ěr dé tǒng yī le nuó}
霍达兰 王 国也灭 亡了。公 元9世纪末,哈拉尔德统一了挪
^{wēi} ^{jū dá yě chéngwéi le tā de dì jiǔ gè qī zi} ^{dànhòu lái bèi tā pāo qì le}
威。居达也 成 为了他的第九个妻子,但后来被他抛弃了。

挪威历史

公元8世纪末,挪威人开始侵袭爱尔兰。之后,挪威
人与爱尔兰人之间的战争此起彼伏。1028 年,挪威成为
"北海大帝国"的一部分,"北海大帝国"瓦解后,挪威陷入
混战之中,直到 13 世纪才被哈拉尔德统一。

修道院遭遇挪威海盗

●●● · AOMI TIANXIA

北欧海盗维京人的对外扩张分为东西两个线路。丹麦和挪威的海盗主要是向西欧和不列颠诸岛扩张。公元793年，维京人以迅雷不及掩耳之势袭击了英格兰东岸中部的诺森伯里亚的林第斯法恩岛，并将岛上一座建于公元6世纪的著名林迪

维京人经常近似疯狂地作战。

维京人的形象经常出现在电影和漫画中。

36

维京人的抢掠

维京人人数稀少，所以他们一般采取突袭的方式进行抢劫。他们往往在夜间出没，趁着月色将海盗船迅速靠岸，一小群人登陆后，以迅雷不及掩耳之势攻击修道院和村庄，然后迅速回到船上扬长而去。

斯法恩岛教堂洗劫一空。从公元793~公元795年，北欧海盗又接连不断地袭击了许多毫无防备的修道院和教堂。

十字架

十字架是基督教的标志，在基督教徒的心目中是神圣的象征。

旗号

公元8~10世纪的很多战袭是英格兰各王国打着维京人的旗号做的。

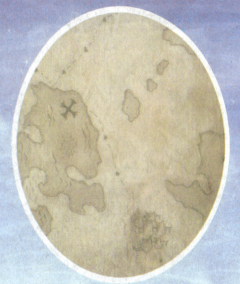

wéi jīng rén jiàn tà le ōu zhōu rén xīn
维京人践踏了欧洲人心

mù zhōng bù kě qīn fàn de shèng dì zài ōu
目中不可侵犯的圣地,在欧

zhōu rén yǎn li wéi jīng rén yǐ jīng chéng wéi
洲人眼里,维京人已经成为

le mó guǐ de huàshēn yīn wèi hǎi dàoméiyǒu
了魔鬼的化身。因为海盗没有

宗教神圣不可亵渎的意识,也没有把教堂视为神圣不可侵犯之地,在他们眼中,只有大量的金银财宝和能沦为奴隶的教士。东线路上的维京人——瑞典海盗则把俄罗斯作为了首要的侵略对象。

在长达300年之久的海盗称霸欧洲的时代,人们痛恨这群从海上来的海盗。由于维京人的勇猛善战以及神出鬼没使人们对他们无可奈何,只有蒙克威尔穆什修道院在遭遇抢劫时发起奋战,击退了维京人。

金钱

金钱永远是维京人追求的目标。

野蛮行径

维京人掠夺教堂,野蛮地对待教士的情形。

造船技术

维京人海盗船的一角,体现了他们造船技艺的高超。

维京人是否早于哥伦布发现美洲

AOMI TIANXIA

zhòng suǒ zhōu zhī　　gē lún bù zài　　　　 nián fā
众所周知,哥伦布在1492年发

xiàn le měizhōu xīn dà lù　 dàn shì zài gē lún bù dào dá
现了美洲新大陆。但是在哥伦布到达

měizhōu zhī qián　yán jiū rén yuán cóng bīngdǎo de gǔ dài
美洲之前,研究人员从冰岛的古代

chuánshuō　 gé líng lán rén gù shi　hé　 āi lǐ kè de
传说《格陵兰人故事》和《埃里克的

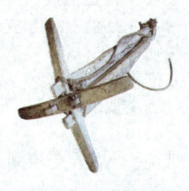

▲维京人造船的木材和石头锚。

yīng yǒng shì jì　 de jì zǎi zhōng fā xiàn le wéi jīng rén dào dá guò xīn dà lù de xiāng guān
英勇事迹》的记载中发现了维京人到达过新大陆的相关

jì zǎi
记载。

gōng yuán　　 nián　 wéi jīng rén bù yà
公元982年,维京人布亚

ěr ní　　hǎi ěr yuē ěr fū sōng shuài rén cóng
尔尼·海尔约尔夫松率人从

bīng dǎo chéng chuán chū fā　shǐ wǎng gé líng lán
冰岛乘船出发驶往格陵兰

dǎo de tú zhōng yì wài de fā xiàn le　yí piàn
岛的途中意外地发现了一片

xīn dà lù　　　　 nián　wéi jīng rén lái fū　āi
新大陆。1001年,维京人莱夫·埃

▲美洲卫星云图。

▲哥伦布拜见英国女王伊丽莎白一世。　　▲哥伦布发现美洲新大陆。

lǐ kè xùn shuài rén chū hǎi　fā xiàn le wèi yú
里克逊 率人出海，发现了位于

jiā ná dà běi bù de bā fēn dǎo hé jiā ná dà
加拿大北部的巴芬岛和加拿大

jìng nèi de lā bù lā duō　tā men jì xù
境内的拉布拉多。他们继续

xiàng nán háng xíng　fā xiàn le yí gè zhǎng
向南航行，发现了一个长

mǎn yě shēng pú táo de dì fang　yú shì
满野生葡萄的地方，于是

最先发现者

维京人最先到达美洲东海岸，他们以最先发现美洲而感到自豪。

美洲的发现

哥伦布曾经四次出海航行，发现了美洲新大陆，但直到他临死前都认为那是印度。后来，意大利学者亚美利加经过多方考察，证实哥伦布发现的大陆是不为欧洲人所知的新大陆，这块大陆也以他的名字亚美利加而命名。

航船

哥伦布当时航海的百吨重的帆船都是由王室提供的,规模宏大,气势非凡。

永载史册

哥伦布把他的一生献给了大海,他对航海事业的贡献巨大,被永载史册。

争议

最先发现美洲的人是哥伦布还是维京人至今争论不休,但大多数学者倾向于后者。

称 这里为"葡萄国度"。后来,其他维京人曾 先后三次出 航到"葡萄国度",并在那里过冬。1014年,莱夫·埃里克逊的私生 女弗雷德斯带领一些人来到"葡萄国度",后来为了独占钱财,弗雷德斯杀害了同伴。至此,维京人 "葡萄国度"的故事告一段落。

有些人认为,"葡萄国度"是加拿大的纽芬兰地区,人们确实在美洲发现了很多维京人曾 生 活过的遗迹。

时逢北欧动乱的维京海盗

ADMI TIANXIA

查理曼大帝是法兰克王国加洛林王朝的国王，神圣罗马帝国的奠基人。查理曼大帝在位期间，法兰克王国处在最强盛的时期，他建立海军打击海盗，使海盗不敢大肆侵扰西欧地区。查理曼大帝去世后，他的后人由于相互争夺权力，帝国动乱。觊觎法兰克王国的海盗又开始大肆

▼维京海盗用的武器　　▼维京海盗雕像　　▼维京海盗战斗场面

侵扰欧洲。法兰克当时的
统治者查理三世虽与维京
人达成暂时的协约，但
当他死后，维京人再次侵
犯法兰克王国。在40年
间，海盗所到之处一片狼
藉，欧洲完全落入了北欧
海盗的掌控之中。

查理曼大帝趣闻

据说，在一次重要的节日活动中，罗马教皇"出其不意"地把王冠戴在了查理曼大帝的头上，加冕他为罗马人的皇帝。但查理曼大帝立即推辞起来，还说教皇是在陷他于不义。但推脱之后，查理曼大帝便"勉为其难"地接受了。

影响

查理曼大帝对欧洲的影响巨大，被尊为"欧洲之父"。

海盗船长克劳斯·施托尔特贝克尔谱写的海盗传奇

●●●● ·AOMI TIANXIA

chūshēng yú dé guó de kè láo sī   shī tuō ěr tè bèi kè
出 生 于德国的克劳斯·施托尔特贝克

ěr shì yì míng hǎi dào chuán zhǎng   tā dài lǐng hǎi dào cháng nián
尔是一名海盗 船 长 ,他带领海盗 常 年

侠义的海盗

　　施托尔特贝克尔是一位不寻常的海盗,虽然他很喜爱金钱,但在大义面前能够舍弃金钱实属不易。

烟斗和匕首

　　烟斗和匕首基本上是每个海盗的随身之物,几乎所有的海盗都是大烟鬼。

护身符

　　因为常年在凶险的海上漂泊,所以海盗都有些迷信,图为海盗的护身符。

在北海和波罗的海进行劫掠活动。由于他作战勇猛,海战经验丰富,被称为"海狼"。但他劫富济贫,在丹麦入侵瑞典首都斯德哥尔摩的时候,他把劫掠的大量财物分发给穷人,因此,也被称为"海上罗宾汉"。

斯德哥尔摩获救后,施托尔特贝克尔被瑞典王室授予了"海盗证书"。从

探险家海盗

有许多伟大的政治家、探险家也是海盗出身。例如收复台湾的民族英雄郑成功的父亲郑芝龙、英国探险家法兰西斯·德瑞克、10世纪的丹麦国王哈拉尔德、英国探险家兼科学观测者威廉·丹皮尔等。

黄金饰品

锚和罗盘是海盗航海缺一不可的工具,图为锚和罗盘合为一体的黄金饰品。

海盗

一提起海盗,人们脑海中会浮现出浑身肌肉、言行粗鄙、带着眼罩的男子形象。

cǐ tā zài hǎi shang jìn xíng de jié lüè huó dòng bú shòu
此,他在海上进行的劫掠活动不受

fǎ lǜ de chéng fá dàn hòu lái shī tuō ěr tè bèi kè
法律的惩罚。但后来,施托尔特贝克

ěr de jié lüè xíng wéi yǐng xiǎng le guó jiā de fā zhǎn
尔的劫掠行为影响了国家的发展。

nián shī tuō ěr tè bèi kè ěr de hóng
1401年,施托尔特贝克尔的"红

sè mó guǐ hào hǎi dào chuán bèi yīng guó jiàn duì dǎ bài
色魔鬼"号海盗船被英国舰队打败,

shī tuō ěr tè bèi kè ěr hé tā de hǎi dào chéng yuán zài
施托尔特贝克尔和他的海盗成员在

dé guó bèi shěn pàn hòu chǔ sǐ
德国被审判后处死。

▲哥得兰岛遗址。

▲海盗的海上行使路线图。

▲海盗经常把贵族出身的小孩抓住换取赎金。

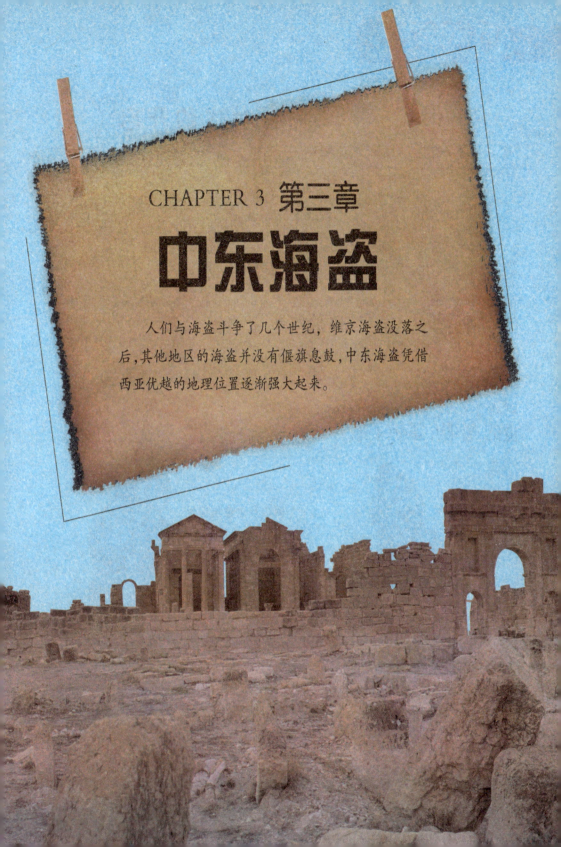

CHAPTER 3 第三章

中东海盗

人们与海盗斗争了几个世纪，维京海盗没落之后，其他地区的海盗并没有偃旗息鼓，中东海盗凭借西亚优越的地理位置逐渐强大起来。

土耳其 海盗时代的开启

● ● ● AOMI TIANXIA

bā bó lù sī cóng qīng shào nián shí dài jiù cóng shì hǎi
巴伯路斯从青少年时代就从事海

dào háng yè zài tā suì shí jiù yǐ jīng shì shēn jīng bǎi zhàn
盗行业,在他20岁时就已经是身经百战

de lǎo hǎi dào le nián bā bó lù sī shuài lǐng hǎi
的老海盗了。1504年,巴伯路斯率领海

dào chuán duì qiǎng jié le luó mǎ jiào huáng yóu lǐ wū sī èr
盗船队抢劫了罗马教皇尤里乌斯二

shì de chuán duì zhèn jīng le dì zhōng hǎi
世的船队,震惊了地中海。

阿尔及尔建筑遗址

阿尔及尔建筑遗址犹在,土耳其海盗却已销声匿迹。

为了不再漂泊,巴伯路斯用金
钱贿赂突尼斯总督得到了杰尔巴
岛,这样,巴伯路斯的兄弟在这里
建立起自己的基地,更多的海盗闻
讯而来,这里成为了海盗的聚集
地。后来,他们建立政治统治,扩
大军事装备,在北非建立起一个
海盗国家。海盗们在地中海占据

杰尔巴岛?

　　杰尔巴岛位于地中海,现为突尼斯所属。杰尔巴岛有许多传奇故事,据说希腊神话中特洛伊木马的设计者尤利西斯从特洛伊回国时曾经登陆杰尔巴岛。1562年,法国、西班牙等联盟军队围攻杰尔巴岛,结果攻岛的军队被海盗全部杀死。

了霸权地位，当时统治西班牙的国王斐迪南大规模讨伐海盗，巴伯路斯在1512年的进攻中失去了左臂，随后他来到吉得热显岛，在此养伤并思考改变进攻策略。后来，巴伯路斯杀死了自己的海盗同盟萨里木，他授予自己阿尔及尔苏丹这个名字，并自立为王，宣称"巴伯路斯一世"。

　　巴伯路斯建立自己的政权之后，再一

次引发西班牙的不满，查理五世继位后在1518年征讨巴伯路斯，经过激烈的斗争，巴伯路斯战败而死。

▶罗马教皇尤里乌斯三世。

罗马的教皇

教皇尤里乌斯二世是罗马第218位教皇，被认为是罗马最有作为的25位教皇之一。他运用政治和艺术手段重塑了罗马教廷的威严。

建立政权的海盗

除了巴伯路斯建立了政权以外，海盗"黑胡子"爱德华·蒂奇也曾经试图建立政权，他封锁了北美的查尔斯顿港，但以失败告终。

土耳其 海盗的黄金时代

AOMI TIANXIA

bā bó lù sī de xiōng dì hǎi ěr · dīng jì chéng
巴伯路斯的兄弟海尔·丁继承

le bā bó lù sī de jiàn duì zài nián tā tóu kào
了巴伯路斯的舰队，在1518年，他投靠

ào sī màn tǔ ěr qí dì guó zhī hòu tā chēng zì jǐ
奥斯曼土耳其帝国。之后，他称自己

wéi bā bó lù sī èr shì jì xù tǒng zhì tǔ ěr qí dì qū
为巴伯路斯二世，继续统治土耳其地区

de hǎi dào lǐng yù
的海盗领域。

wèi le cháng jiǔ fā zhǎn rì yì
为了长久发展,日益

qiáng shèng de bā bó lù sī èr shì zài
强盛的巴伯路斯二世在

nián gōng xià le xī bān yá rén jù
1529年攻下了西班牙人据

shǒu de kǎ sī bā hā chéng bǎo shǔ yú
守的卡斯巴哈城堡(属于

ā ěr jí lì yà de shǒu dū
阿尔及利亚的首都

ā ěr jí ěr
阿尔及尔)。

zài nián
在1521~1526年,

yīn bā bó lù sī èr shì gōng
因巴伯路斯二世攻

殊荣

海尔·丁是基督徒的死敌,历史上最大的私掠海盗之一,被奥斯曼帝国称为"海上的萨拉丁"。他的陵寝位于博斯普斯海峡的金角湾。每一艘经过此处的土耳其船只都会降帆鸣号,向他致敬。这在世界海盗史上是空前绝后的殊荣。

打匈牙利和奥地利，奥斯曼帝国的苏丹苏里曼一世封他为阿尔及尔总督。1534年，巴伯路斯二世占领了突尼斯港口。后来，西班牙海军又击败了海盗，夺回了突尼斯。

巴伯路斯二世在征战中，烧杀抢掠，甚至多次屠城。1538年，欧洲天主教国家的联军在希腊的普雷维扎海湾与巴伯路斯二世进行

◀巴伯路斯二世聪明、狡猾、诡诈，且很有谋略。

评价
　巴伯路斯二世死后，人们对他的评价褒贬不一。

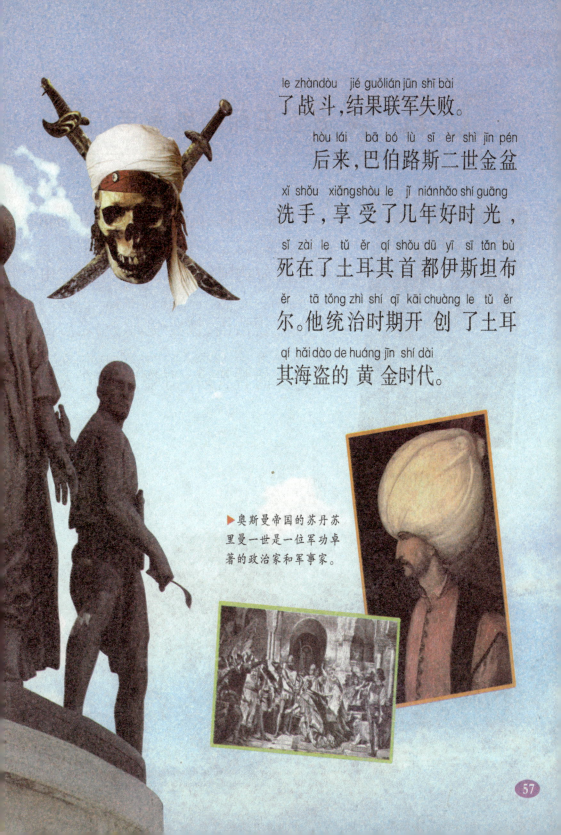

le zhàndòu　jié guǒ lián jūn shī bài
了战斗，结果联军失败。

hòu lái　bā bó lù sī èr shì jīn pén
后来，巴伯路斯二世金盆

xǐ shǒu　xiǎng shòu le jǐ nián hǎo shí guāng
洗手，享受了几年好时光，

sǐ zài le tǔ ěr qí shǒu dū yī sī tǎn bù
死在了土耳其首都伊斯坦布

ěr　tā tǒng zhì shí qī kāi chuàng le tǔ ěr
尔。他统治时期开创了土耳

qí hǎi dào de huáng jīn shí dài
其海盗的黄金时代。

▶奥斯曼帝国的苏丹苏
里曼一世是一位军功卓
著的政治家和军事家。

土耳其 海盗王朝的继承者们

AOMI TIANXIA

▲ 表现勒班陀战役的壁画。

bā bó lù sī èr shì de ér zi hā sāng zài
巴伯路斯二世的儿子哈桑在1546

nián bèi rèn mìng wéi ā ěr jí ěr de shěng zhǎng dàn yóu
年被任命为阿尔及尔的省长。但由

yú tā chóu shì fǎ guó bèi bà miǎn zhí wù zhī hòu yóu
于他仇视法国,被罢免职务。之后由

yú guò duō de tì dài zhě hǎi dào zhī guó xiàn rù hùn
于过多的替代者,海盗之国陷入混

乱。于是，1557年，哈桑被重新任命为非洲行省的省长。1567年，他被调任，此后再也没有回到北非。在哈桑再次上任的10年中，他两次与西班牙人进行了海战并取得胜利。

59

dé lā gǔ tè   bā bó lù sī ěr
德拉古特（巴伯路斯二

shì de qīn xìn   zài bā bó lù sī èr shì
世的亲信）在巴伯路斯二世

sǐ hòu chéng wéi tǔ ěr qí hǎi dào wáng
死后成为土耳其海盗王

cháo de jiē bān rén   tā běn shì yì míng tǔ
朝的接班人。他本是一名土

ěr qí jūn guān bèi bā bó lù sī èr shì
耳其军官，被巴伯路斯二世

yòng zhòng jīn pìn wéi hǎi dào   hái bèi bā
用重金聘为海盗，还被巴

bó lù sī èr shì jiù guo   nián dé
伯路斯二世救过。1565年，德

lā gǔ tè zài wéi gōng mǎ ěr tā de hǎi
拉古特在围攻马耳他的海

知恩图报

海盗德拉古特懂得知恩图报，他曾经劫到一整箱的金币，没有截留分文，全部的都献给了巴伯路斯二世。

^{zhànzhōng yì wàishēnwáng}
战 中意外身亡。

^{dānrèn ā ěr jí ěr zuìhòu yí}
担任阿尔及尔最后一

^{rèn shěngzhǎng de shì wū lǐ jí · ā}
任省 长 的是乌里吉·阿

^{lǐ tā běn shì yí gè ōu zhōu rén}
里。他本是一个欧洲人，

^{bèi hǎi dào fú lǔ zài yǔ hǎi dào de}
被海盗俘虏，在与海盗的

^{jiāo wǎng zhōng dé dào le dé lā gǔ}
交往中得到了德拉古

^{tè de shǎng shí hòuchéng wéi hǎi dào}
特的赏识，后成为海盗

^{shǒulǐng nián tā dāngxuǎn ā ěr jí ěr de shěngzhǎng nián wū lǐ jí ·}
首领。1568年，他当选阿尔及尔的省长。1587年，乌里吉·

^{ā lǐ sǐ yú rènshàng}
阿里死于任上。

演绎传奇
英勇的海盗们演
绎了一个个传奇。

阿拉伯海盗蒂皮·蒂普与 100 桶金

● ● ● ● **AOMI TIANXIA**

蒂皮·蒂普是阿拉伯和东非海域航道上有名的大海盗,通过贩卖奴隶和象牙,使他成为东非和中非最富有、最有权势的人。他利用自己多年积攒的宝藏在桑给巴尔岛建造了金碧辉煌的城堡。之后,桑给巴尔岛便成了奴隶

mào yì de dà běnyíng
贸易的大本营。

nián　yì zhī yóu　　sōuchuán
1870年，一支由12艘船

zǔ chéng de ā lā bó chuánduì zhuāngzhe
组成的阿拉伯船队装着

chuánzhǔ zhǔn bèi qù fēi zhōugòumǎi nú lì
船主准备去非洲购买奴隶

de　tǒng jīn bì lù guòsāng jǐ bā ěr
的100桶金币路过桑给巴尔

dǎo bèi dì pí　dì pǔ dīng shàng　tú
岛被蒂皮·蒂普盯上。途

zhōng　shāng chuán yù dào le fēng bào
中，商船遇到了风暴

zhuàngshàng le yán shí　dàn shì chuányuán
撞上了岩石，但是船员

men bǎ　　tǒng jīn bì yòng xiǎo tǐng
们把100桶金币用小艇

zhuǎn yí dào le gài dì chéng　dì
转移到了盖地城。蒂

pí　dì pǔ fā xiàn hòu jiāng shuǐ shǒu
皮·蒂普发现后将水手

quán bù shā sǐ　rán hòu zài gài dì
全部杀死,然后在盖地

chéng xún zhǎo jīn bì　jié guǒ méi yǒu
城寻找金币,结果没有

zhǎo dào　tā zhǐ dé xìng xìng de　lí kāi
找到,他只得悻悻地离开。

桑给巴尔岛?

　　桑给巴尔岛是印度洋中的一个珊瑚岛。15、16世纪,活跃在印度洋上的阿拉伯海盗就把这个天堂般的棕榈海岸当做了活动基地。1824年,在东非沿岸建立贸易帝国的阿拉伯人赛伊德·伊本苏丹在该岛从事丁香贸易,开创了岛上最辉煌的时期。

hěn cháng shí jiān yǐ lái　lái gài dì chéng xún bǎo de rén hěn duō　què shén me dōu méi
很长时间以来,来盖地城寻宝的人很多,却什么都没

yǒu zhǎo dào　dàn rén men yì zhí jiān xìn jīn bì de chuán shuō
有找到,但人们一直坚信金币的传说。

▼现在的盖地城已经成为了著名的旅游胜地。　▼盖地城埋藏着100桶金的故事广为流传。

CHAPTER 4 第四章
加勒比海盗

电影《加勒比海盗》中那个英俊潇洒、放荡不羁的杰克船长给我们留下了深刻的印象,使我们对加勒比海盗既好奇又着迷,那么真正的加勒比海盗到底是怎样的呢?

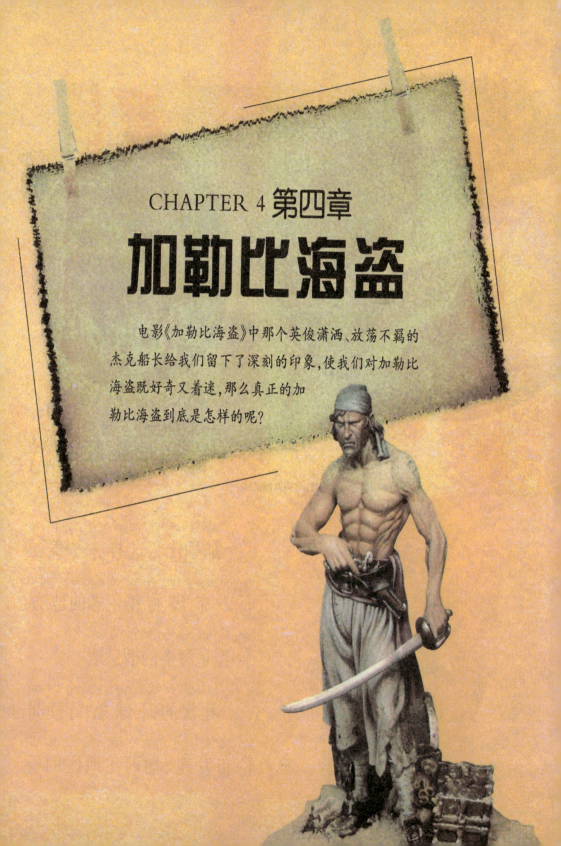

加勒比海的海盗狂潮

AOMITIANXIA

jiā lè bǐ hǎi zhè yàng yí gè měi lì
加勒比海这样一个美丽

ér yòu chōng mǎn shén mì sè cǎi de dì fang
而又充满神秘色彩的地方

céng jīng shì hǎi dào de qī xī dì
曾经是海盗的栖息地。

jǐ cì de huán qiú háng xíng shǐ gē
几次的环球航行使哥

lún bù fā xiàn jiā lè bǐ dì qū de zī
伦布发现,加勒比地区的资

源十分丰富，使得海盗活动十分猖獗。哥伦布将新航路开辟之后，航海贸易逐渐频繁，在加勒比海上经常可以看见满载黄金和其他货物的船只。

加勒比地区的贸易狂潮促成了欧洲殖民者和海盗们在加勒比地区争夺权益、掠夺财富。从此，加勒比地区的海盗们迎来了他们的黄金时代。

▲ 加勒比海阳光明媚、碧海蓝天。

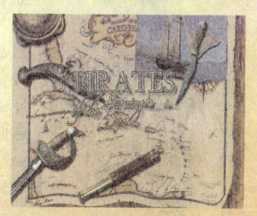

▲ 海盗地图是开启宝藏大门的钥匙。

▲ 电影《加勒比海盗》中"杰克船长"的扮演者约翰尼·戴普。

最大的海盗集中地
AOMI TIANXIA

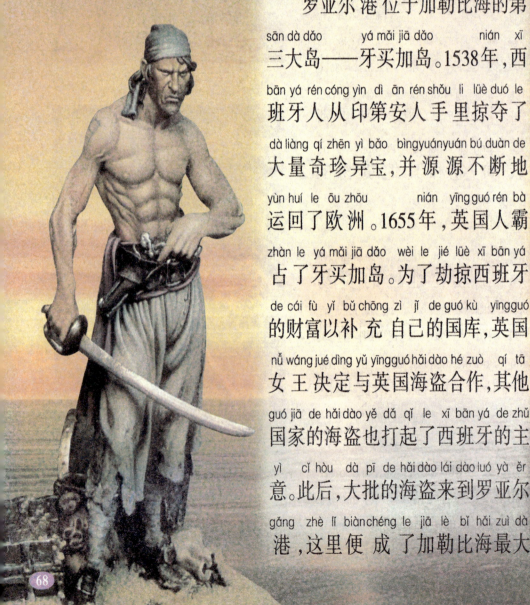

luó yà ěr gǎng wèi yú jiā lè bǐ hǎi de dì
罗亚尔港 位于加勒比海的第

sān dà dǎo　　　yá mǎi jiā dǎo　　　nián　xī
三大岛——牙买加岛。1538年，西

bān yá rén cóng yìn dì ān rén shǒu li lüè duó le
班牙人从印第安人手里掠夺了

dà liàng qí zhēn yì bǎo　bìng yuányuán bú duàn de
大量奇珍异宝，并源源不断地

yùn huí le ōu zhōu　　　nián　yīng guó rén bà
运回了欧洲。1655年，英国人霸

zhàn le yá mǎi jiā dǎo　wèi le jié lüè xī bān yá
占了牙买加岛。为了劫掠西班牙

de cái fù yǐ bǔ chōng zì jǐ de guó kù　yīng guó
的财富以补充自己的国库，英国

nǚ wáng jué dìng yǔ yīng guó hǎi dào hé zuò　qí tā
女王决定与英国海盗合作，其他

guó jiā de hǎi dào yě dǎ qǐ le xī bān yá de zhǔ
国家的海盗也打起了西班牙的主

yì　cǐ hòu　dà pī de hǎi dào lái dào luó yà ěr
意。此后，大批的海盗来到罗亚尔

gǎng　zhè lǐ biàn chéng le jiā lè bǐ hǎi zuì dà
港，这里便 成 了加勒比海最大

de hǎi dào jí zhōng yíng   hǎi dào men bǎ
的海盗集中营。海盗们把

lüè duó lái de dà liàng cái fù dōu duī fàng
掠夺来的大量财富都堆放

zài luó yà ěr gǎng
在罗亚尔港。

nián yuè rì   luó yà ěr
1692年6月7日，罗亚尔

海盗首都？

罗亚尔港是人类历史上最邪恶、最堕落的城市，虽然在那里生活的人数并不多，但其奢侈程度远远超越当时的伦敦和巴黎。整个城市没有任何工业，却可以享受最豪华的物质生活。中国的丝绸、印尼的香料、英国的工业品一应俱全。

▼海盗的生活奢侈堕落。　　▼罗亚尔港遗留下来的大炮。　▼罗亚尔港残留下的部分遗址。

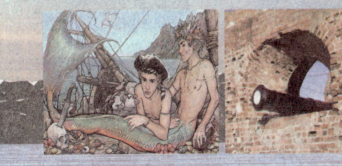

gǎng xiàng wǎng cháng yí yàng rè nào
港 像 往 常 一 样 热 闹

fēi fán rán ér zài zhōng wǔ shí fēn
非 凡。然 而 在 中 午 时 分,

bù xún cháng de shì qíng fā shēng le
不 寻 常 的 事 情 发 生 了。

tū rán dì miàn kāi shǐ yáo huàng dì
突 然,地 面 开 始 摇 晃,地

shang chū xiàn le hěn duō liè féng dì
上 出 现 了 很 多 裂 缝。地

zhèn shǐ luó yà ěr gǎng xiāo shī zài shuǐ
震 使 罗 亚 尔 港 消 失 在 水

xià luó yà ěr gǎng de xiāo shī tóng
下。罗 亚 尔 港 的 消 失 同

shí yě zhōng jié le hǎi dào de quán
时 也 终 结 了 海 盗 的 全

shèng shì dài
盛 时 代。

反派英雄——亨利·摩根

AOMI TIANXIA

1635年,亨利·摩根生于英国威尔士一个农场主家里,他从小在船上当见习水手,长大后加入了牙买加的海盗团伙,在洪都拉斯沿岸地区抢劫。

亨利·摩根在1662年参加对牙买加和古巴远征的时候,就不想再当个普通的海盗了,他一直在等待机会。直到17世纪末到18世纪,摩根跟随海盗头领到库拉索岛抢掠货物,没想

大炮的构造

大炮的构造并不复杂：堵塞一根中空的粗管子的一头，底部放着火药。

抢劫特许状

摩根船长率领手下怀揣着英国政府的抢劫特许状，四处攻击西班牙人的商船和居民点。

混战

海盗与西班牙舰队在海上混战的场景。

不同炮弹的用途

大炮可以发射圆球弹、葡萄弹和铁链弹。圆球弹就是一个大铁球，用来在船板上打洞；葡萄弹是很多小炮弹，用于撕裂敌船的帆，或是对甲板上的人员进行大面积杀伤；铁链弹则是用长铁链连接的两颗大铁球，它可以打断敌船的桅杆。

到这次远征的结果非常糟糕,海盗远征队不但没有抢夺到财物,连头领也丢了性命。西班牙人将海盗头领处死后,大家推选摩根来指挥整个舰队。于是,摩根接管了这支有10艘武装精良的舰只和500人的队伍,成为了新的头领。

之后的很多年,经历了多场战争和掠夺,摩根成为

▼ 船身和甲板上都布满血迹的海盗船。   ▼ 海战不断,厮杀四起。

了反派英雄。后来，他变成了一个有钱
又受人尊敬的殖民官员，他唯一忌讳的
是当年的烧杀抢掠的海盗生涯，然而
他的野蛮行径被曾经跟随他的一个医
生完整真实地记录下来，这也是我们
后人能够了解那段历史的重要依据。

可怕的摩根

摩根袭击巴拿马时被强有力的防线挡住，他竟用被俘虏的牧师和修女作为军队的挡箭牌，趁笃信天主教的敌人慌乱之际，拿下了这座重镇。

亦官亦盗的特殊身份

1668年，已成为英国海军中将的摩根，被海盗们推举为牙买加海盗总头目，成为海盗统领。从此，他脚踏黑白两条船。

"黑胡子"——爱德华·蒂奇

AOMI TIANXIA

一双深深凹陷在眼眶里的充满野性的眼睛和一脸浓密而又张扬的络腮胡子，充沛的精力、熏天的酒气以及散发着刺鼻的臭汗和火药的怪味。这个相貌奇特的人就是臭名昭著的大海盗"黑胡子"。

"黑胡子"原名爱德华·蒂奇，最初只是个水手，在动荡

"黑胡子"的鲜明特征

在抢掠前，爱德华·蒂奇的帽子下要插上两根点燃的导火线，冒着黑烟在两只耳朵上翘翘着。

▲ 爱德华·蒂奇是个天生的亡命徒。

▲ 电影《加勒比海盗:黑珍珠的诅咒》宣传图片。

de nián dài li sān jiǎo mào yì jiāng yuán yuán bú duàn de jīn qián shū wǎng yīng guó hěn duō
的年代里,"三角贸易"将源源不断的金钱输往英国,很多

rén zài duǎn shí jiān nèi biàn de fēi cháng fù yǒu nà xiē shuǐ shǒu zì rán yě biàn chéng le zhí
人在短时间内变得非常富有,那些水手自然也变成了职

yè hǎi dào ér hēi hú zi de hǎi dào shēng yá yě shì yóu cǐ
业海盗,而黑胡子的海盗生涯也是由此

kāi shǐ de
开始的。

残忍的"黑胡子"

黑胡子每劫到一艘船都下令把旅客的双手捆住并蒙住他们的双眼,用利剑威逼着他们一个接一个在船舷上跳进大海,直到整船的旅客全部死光为止。有一次,一位被俘的船长表示反抗,他就把这个船长的鼻子和耳朵割下,逼着船长把血淋淋的鼻子和耳朵当场吃下去。

"黑色准男爵"——罗伯茨

AOMI TIANXIA

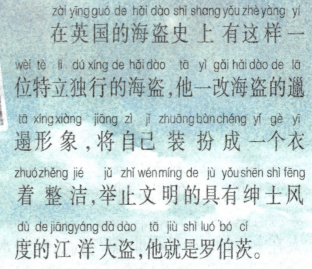

在英国的海盗史上有这样一位特立独行的海盗,他一改海盗的邋遢形象,将自己装扮成一个衣着整洁,举止文明的具有绅士风度的江洋大盗,他就是罗伯茨。

罗伯茨虽然是一个打家劫舍的海

盗，但他十分注重自己的形象。据说，他经常穿着绯红色马裤和齐腰马甲上衣，帽子上插着一根羽毛，身上还佩戴一些珠宝饰物。另外，他还有着与其他海盗截然不同的细腻性格，他从不酗酒、吸烟。他给海盗们制定了严格的规章制度并且得到了公正的贯彻执行。

海盗中的基督徒

罗伯茨禁止船员赌博，还劝说船员向上帝祈祷，他是海盗中少有的虔诚的基督徒。

冷血的海盗

罗伯茨37岁才开始做海盗，在短短的四年中，他的海盗舰队最多时共拥有400艘海盗船。罗伯茨以冷血著称，劫船后从不留下活口。

掠夺成性

罗伯茨不仅掠夺商船，连海军也不放过，他的旗舰"皇家财富"号就是从法国舰队手中抢来的。他一生掠夺了数百艘船只。

末路狂花:安娜·邦尼和玛丽·里德

AOMI TIANXIA

桀骜不驯的安妮嫁给了一个名叫詹姆斯·邦尼的英国水手。新婚之后,他们来到海盗活动最猖獗的地区之一——加勒比海,因为被海盗俘虏,他们被逼入伙成为海盗。玛丽有着与安妮相似的经历。她在新婚后不久,丈夫因病去世,玛丽做起了水手。

安娜·邦尼和玛丽·里德表现出了比男子更为勇猛

de yí miàn zhàndòuzhōng ān nī yòng wǔ qì wēi
的一面。战斗中，安妮用武器威

xié chuánshang de shuǐshǒu shéidōu bù gǎn fǎn kàng
胁船上的水手，谁都不敢反抗

tā de mìnglìng ér mǎ lì gèng shì bú xùn sè tā
她的命令;而玛丽更是不逊色，她

chángcháng huī wǔ zhe dà dāo yǔ rén jué dòu mò lù
常常挥舞着大刀与人决斗。末路

kuánghuā de jiě mèihuā shì hǎi dào shǐ shang de
狂花的"姐妹花"是海盗史上的

chuán qí rén wù
传奇人物。

▶海盗玛丽·里德性格
大大咧咧，敢作敢为。

"姐妹花"的结局

　　1730年左右，她们所在的海盗舰队与巴哈马总督派遣的军舰交战，船长等人藏身于船舱，只剩2名女海盗勇敢战斗，最终被捕。法庭上俩人因怀有身孕而暂缓死刑，安妮的父亲花重金将她从监狱赎了出去，但玛丽却因为瘟疫而病死在狱中。

加入海军的海盗——霍金斯

● ● ● ● AOMI TIANXIA

约翰·霍金斯出生于英国西南部德文郡普利茅斯的一个商人兼水手的家庭,这样的家庭背景使得霍金斯从小就受到了很多的航海训练。

1562年6月,霍金斯开始他的第一次奴隶贸易航行,赢得了名声和大量财富,他也成了英国历史上最早进行贩卖奴隶勾当的海盗

英国最早的"三角贸易"

霍金斯的第一次奴隶贸易航行由三艘大船组成,他先到达几内亚海岸并在那里捕获了300名黑人,而后带着这些"活货物"穿过大西洋到达海地岛,将黑人卖给了西班牙殖民者,换取了当地大量的兽皮、生姜、糖和珠宝。

▲霍金斯因在英国与西班牙的海战中作战有功被授予爵士称号。

头子。在一次返航途中,霍金斯的船队遭遇了大风暴,并受到西班牙人的突然伏击,最后勉强逃脱。

摆脱了海盗身份的霍金斯凭借之前的辉煌"战绩",拥有了贵族头衔。

▼霍金斯的海盗船。

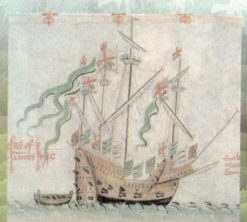

▼船上即将被贩卖的黑奴。

"海上魔王"——德雷克

AOMI TIANXIA

fú lǎng xī sī dé léi kè jì shì yīngguó zhùmíng de tàn xiǎn jiā yě shì yí wèi zhù
弗朗西斯·德雷克既是英国著名的探险家,也是一位著

míng de hǎi dào tā zào jiù le yīngguó wěi dà de hǎi dào shì yè
名的海盗。他造就了英国伟大的海盗事业。

fú lǎng xī sī dé léi kè shēng yú yīngguó yí gè pín kǔ nóngmín jiā zhōng wèi le
弗朗西斯·德雷克生于英国一个贫苦农民家中。为了

móushēng tā suì kāi shǐ zài chuánshang dāng xué tú rán hòu chéng wéi le yì míng shuǐ
谋生,他13岁开始在船上当学徒,然后成为了一名水

▶弗朗西斯·德雷克的画像。

勇于冒险的德雷克

德雷克是第一位完成环球旅行的英国海员。

84

德雷克海峡

德雷克海峡是世界上最宽、最深的海峡，因德雷克最早发现这里，便以其名字命名。

德雷克的战功

1587年，西班牙对英国宣战，积怨已久的两国终于拔剑相向，但当时英国的海军还非常弱小，根本无力与西葡联盟作战。在危急时刻，德雷克带领着25只海盗船赶到，击沉了西班牙的船只。

手。之后在伊利莎白女王的赞助下，他成为了商船船长。最后却在海盗表兄约翰·霍金斯的培养下成为了一名海盗。他在海上开创了自己的辉煌，也在海上走向了没落，结束了海盗生涯。他为英国取代西班牙成为新的海上霸主立下了汗马功劳。

荷兰最有名的海盗头子——彼得松·霍因

AOMI TIANXIA

zì   nián zhī hòu de jǐ shí nián jiān   shì hé
自1620年之后的几十年间,是荷

lán hǎi dào chāng kuáng gè gè hǎi yù de shí qī   bǐ dé
兰海盗 猖 狂 各个海域的时期,彼得

sōng   huò yīn zé shì hé lán hǎi dào zhōng zuì wéi yǒu míng
松·霍因则是荷兰海盗 中 最为有名

彼得松·霍因

彼得松·霍因的雕像。

武装力量

彼得松·霍因拥有着30多艘舰船和3 000名以上的兵丁。

霍因的游击战术？

在那次最出名的抢夺中，霍因表现出自己出色的指挥才能，深谙"越是危险就越安全"的道理，当他隐秘的船队突然出现，西班牙人惊慌失措地连大炮的炮弹都没发射，便乖乖地束手就擒了。

de huò yīn cóng xiǎo jiù gēn suí fù qīn chū hǎi dǎ yú liàn jiù le bǔ yú hé háng hǎi jì néng
的。霍因从小就跟随父亲出海打渔，练就了捕鱼和航海技能

de tóng shí tā yě zhú jiàn chéng zhǎng wéi yí gè chū sè de háng hǎi jiā hòu lái tā chéng
的同时，他也逐渐成长为一个出色的航海家，后来他成

wéi le yì míng hǎi dào
为了一名海盗。

huò yīn zuì wéi chū míng de yí cì lüè duó shì tōng guò yóu jī zhàn shù yíng dé de yǐ ruò
霍因最为出名的一次掠夺是通过游击战术赢得的，以弱

shèng qiáng jiāng xī bān yá yùn jīn chuán duì dǎ bài dāng huò yīn mǎn zài jīn yín zhū bǎo de
胜强将西班牙运金船队打败。当霍因满载金银珠宝的

chuán duì huí dào hé lán shí tā chéng le míng zào yì shí de rén wù
船队回到荷兰时，他成了名噪一时的人物。

87

英国海盗乔治·安逊

鲁滨孙·克鲁索岛本是智利一个不为人知的孤岛。然而从20世纪40年代开始，这个无人问津的小岛突然开始热闹起来了。原来这个小岛吸引世界目光的秘密在于埋藏于此的宝藏，而这批宝藏的埋藏者便是大名鼎鼎的英国海盗乔治·安逊。

乔治·安逊可以说是海盗史上独一无二的将两种大相径庭的身份融为一身的人，这两种身份之一便是声名显赫的海盗，他所拥有的第二个身份就是英国女王御赐的勋爵地位。而这个世外桃源一般的美丽小岛鲁滨孙·克鲁索岛就是大盗乔治·安逊的大本营和避难所，人们深信这里埋藏着乔治·安逊所有的宝藏。

鲁滨逊·克鲁索岛

英国作家笛福根据水手亚历山大·塞尔柯克的真实故事编写的世界名著《鲁宾逊漂流记》，讲述了主人公鲁宾逊在孤岛上生活了二十多年终于回到英国，而水手塞尔柯克独居的小岛后来则被命名为鲁滨逊·克鲁索岛。

苏格兰海盗威廉·汤普森和"利马宝藏"

AOMI TIANXIA

科科斯岛 ？

科科斯岛是哥斯达黎加在太平洋上的岛屿，岛上地形崎岖，人迹罕至。这个默默无闻的孤岛因为"利马宝藏"藏匿于此的传闻而出名。这里已经被挖掘了500次以上，但没有人发现过宝藏。因为它临近巴拿马运河，所以战略位置重要。

1821年，拉美民族革命家玻利瓦尔带领起义军逼近利马，当地的西班牙总督找到口碑很好的苏格兰人汤普森船长，利用他的小帆船将城内的财宝转移。但实际上，汤普森是海盗出身，见利忘义。汤普森命令手下把船上乘客投进了漆

黑的大海中，并尽快把宝藏转移。汤普森的"亲爱的玛丽"号在查塔海姆湾抛锚停船后，他命令手下的人用小船分十次将"利马宝藏"运到了鲜为人知的科科斯岛，藏匿在一个偏僻的山洞中，并画了一张藏宝图。后来，汤普森被西班牙海军俘虏，他在带领西班牙海军上科科斯岛寻找宝

巨额宝藏

　　"利马宝藏"因数量庞大而吸引无数的人前来寻宝。

zàng de tú zhōng táo zǒu tāng pǔ
藏的途中逃走。汤普

sēn sǐ hòu cáng bǎo tú yòu zhǎn
森死后，藏宝图又辗

zhuǎndào le hěnduō rén shǒuzhōng
转到了很多人手中，

dàn tā men zuì zhōng hái shi méi yǒu
但他们最终还是没有

zhǎodào lì mǎ bǎozàng
找到"利马宝藏"。

见利忘义的海盗

　　海盗都是见利忘义的，面对宝藏他们将一切都抛在了脑后。

CHAPTER 5 第五章
东方海盗

在历史上，海盗这一职业并不是单单为西方人所独占的，其实在东晋时期就出现了中国最早的海盗。中国的海盗多是不堪忍受官府的盘剥而被"逼上梁山"的。

中国海盗之祖——孙恩

AOMI TIANXIA

中国的海盗

　　在中国,海盗大多是沿海居民,他们在依靠大海谋生时也会从事抢劫活动。

dōng jìn mò nián　shè huì dòng dàng　wǔ dǒu mǐ jiào
东晋末年,社会动荡。五斗米教

de jiào tú sūn ēn yīn wèi jiào zhǔ bèi cháo tíng shā hài táo dào
的教徒孙恩因为教主被朝廷杀害逃到

zhōu shān qún dǎo　tā zhào jí cán yú jiào tú zhǔn bèi wèi
舟山群岛,他召集残余教徒准备为

jiào zhǔ sūn tài yě jiù shì zì jǐ de shū shu bào chóu gōng
教主孙泰也就是自己的叔叔报仇。公

元399~公元402年,孙恩带领信徒与东晋朝廷进行了四次战争。但这四次起兵均以失败告终,孙恩在兵败后投海自杀。继承孙恩遗志的卢循带领起义军与朝廷周旋近8年,最后在广州兵败投水自尽。孙恩、卢循被称为"海盗之祖"。

黑暗社会

东晋末年,处于上层的士族阶级享有各种特权,农民阶级则要负担严苛的徭役。在这种情况下,低级士族孙恩率众起义,后转战海上。

农民起义

孙恩在兵败后投海自尽,他的妹夫卢循继承其遗志。孙恩、卢循起义是东晋规模最大、历时最长的一次农民起义。

95

海盗王——陈祖义

●●●● AOMI TIANXIA

陈祖义所建立的海盗集团是迄今为止世界上规模最大的。他们所截获的"战利品"自然是其他海盗们望尘莫及的天文数字。陈祖义在南洋干起了抢劫过路船只的海盗营生，并不断扩大自己的组织，最鼎盛时期，他的海盗集团的成员竟超过万人，拥有近百艘战船。

郑和航海？

郑和七次下西洋的目的：一是加强同海外各国的交流；二是显示明朝的海上实力，打击海盗力量。在郑和航海途中，陈祖义曾经试图抢劫郑和的船队，但郑和早有准备，不仅剿灭了陈祖义的海盗船队，还抓获了陈祖义。

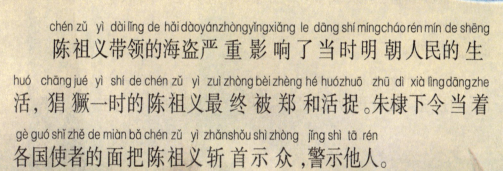

陈祖义带领的海盗严重影响了当时明朝人民的生活，猖獗一时的陈祖义最终被郑和活捉。朱棣下令当着各国使者的面把陈祖义斩首示众，警示他人。

落水为盗的张保仔

AOMI TIANXIA

yǒu dì èr zhèngchénggōng zhī chēng de zhāngbǎo zǎi shì diǎnxíng
有"第二郑 成 功"之称的张 保仔是典型

de dōngfāng hǎi dào zhāngbǎo zǎi zài suì nà nián bèi míng zhèn zhū jiāng
的东方海盗。张 保仔在15岁那年被名震珠江

de hǎi dào lián méngdāng jiā rén zhèng yī dài huí hǎi dào dà yíng jiā rù le
的海盗联 盟 当家人郑 一带回海盗大营,加入了

hǎi dào háng liè
海盗行列。

zài zhāngbǎo zǎi de xié zhù zhī xià zhèng yī hěnkuài jié shù le nán
在 张 保仔的协助之下,郑 一很快结束了南

长洲张保仔洞

　　长洲张保仔洞,据说是最有可能藏有宝藏之地。

海上海盗林立混战的局面。在这一过程中，张保仔也慢慢掌握了帮中的一切实权。虽然张保仔对外国船只毫不留情，但是他对中国的老百姓确是关爱有加的。单纯从他的行为来说，张保仔保障了沿海百姓的安宁生活，他仍然是值得人们尊敬的。他也因此被世人称为"世界最强的海盗"。

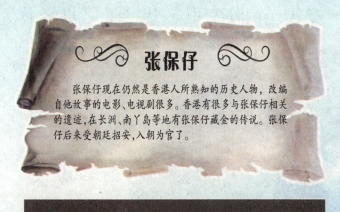

张保仔

张保仔现在仍然是香港人所熟知的历史人物，改编自他故事的电影、电视剧很多。香港有很多与张保仔相关的遗迹，在长洲、南丫岛等地有张保仔藏金的传说。张保仔后来受朝廷招安，入朝为官了。

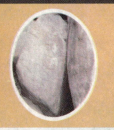

讲义气的人

张保仔多谋略，讲义气，处事有度，深受人们爱戴，于是许多人都来投奔他。

黑帮 "第一夫人"

AOMI TIANXIA

中国以海盗的身份而又同时兼具英雄特性的女性及其罕见,最为著名的就是有着黑帮 "第一夫人" 之称的郑一嫂。

郑一嫂原名石香姑,她曾经为了营救父亲,写信给威震珠江的海盗郑一表达了愿以身救父的想法。收到信的郑一答应了石香姑的请求,石香姑嫁给了郑一,成为了郑一嫂。从此郑一嫂便加入了海盗名单之中,红旗帮的很多大小事务也都是由她在打理的,所以

在 郑 一 去 世 后, 郑 一 嫂 很 快
zài zhèng yī qù shì hòu zhèng yī sǎo hěn kuài

就 掌 握 了 帮 中 的 一 切 大
jiù zhǎng wò le bāng zhōng de yī qiē dà

权。时 至 今 日, 郑 一 嫂 的 威
quán shí zhì jīn rì zhèng yī sǎo de wēi

名 依 然 在 后 人 的 口 中 流 传。
míng yī rán zài hòurén de kǒuzhōng liú chuán

巾帼不让须眉

战斗中的郑一嫂
英姿飒爽,真是巾帼
不让须眉。

郑一嫂事迹

郑一嫂是一个明辨事理的人,她在丈夫郑一死后,辅
佐张保仔继承丈夫遗志,嫁给张保仔后,夫妻俩继续帮助
百姓。鸦片战争爆发后,郑一嫂积极投入到反抗英国殖民
者的战争中,为林则徐出谋划策。

"日本"海盗——倭寇

AOMI TIANXIA

wō kòu yì bān zhǐ huó yuè yú míng cháo shí qī de
倭寇一般指活跃于明朝时期的

zhōng guó dà lù yán àn hé cháo xiān bàn dǎo de hǎi shang
中国大陆沿岸和朝鲜半岛的海上

rù qīn zhě zài zhōng guó de míng cháo shí qī zhōng guó
入侵者,在中国的明朝时期,中国

hé cháo xiān liǎng guó jiāng fēng chén xiù jí dài lǐng de rì běn
和朝鲜两国将丰臣秀吉带领的日本

qīn lüè zhě chēng wéi wō kòu wō kòu yǒu zhe zì jǐ de tè
侵略者称为倭寇。倭寇有着自己的特

色，他们主要掠夺的对象是陆上城市。

最初，参与倭寇活动的人以日本人为主。而倭寇最初的攻击对象也是元朝的附属国高丽，也就是现在的朝鲜和韩国。在倭寇的不断抢掠中，他们也将目光转移到了中国身上。自元末至明万历年间，一部分日本武士、浪人（流亡

民族英雄

为了剿灭沿海倭寇，民族英雄戚继光说出了"封侯非我意，但愿海波平"的话语。

hǎi shang de bài jiàng cán bīng   hǎi dào shāng rén hé
海上的败将残兵)、海盗商人和

pò chǎn nóng mín bú duàn qīn rǎo zhōng guó cháo xiān
破产农民,不断侵扰中国、朝鲜

yán hǎi dì qū qián hòu lì shí dá   nián zhī jiǔ
沿海地区,前后历时达300年之久。

zhōng guó hé cháo xiān de shǐ shū shang dōu duì zhè xiē
中国和朝鲜的史书上都对这些

rì běn rén de hǎi dào huó dòng jìn xíng le jì zǎi
日本人的海盗活动进行了记载。

抗倭斗争

在抗倭斗争中,最著名的是戚继光和俞大猷领导的东南沿海人民抗倭斗争。在戚家军和人民的浴血奋战之下,倭寇基本被荡平。

CHAPTER 6 第六章

索马里海盗

索马里是非洲一个非常贫穷的国家,然而却被世界所知。因为在索马里海域至今生活着大量索马里海盗,他们的抢掠行为已经引起全球的重视。

16分钟成功抢劫的索马里海盗

zài yǐng shì zuò pǐn zhōng hǎi dào zǒng shì yǔ yì sōu pèi yǒu hěn duō dà pào hé chuán fān
在影视作品中,海盗总是与一艘配有很多大炮和船帆

de jù lún gāo xuán de kū lóu qí yǐ jí shēn xíng kuí wú de hǎi dào tóu lǐng suǒ dài de chuán
的巨轮、高悬的骷髅旗以及身形魁梧的海盗头领所带的船

xíng mào fēn bù kāi nà me xiàn shí shēng huó zhōng de hǎi dào shì shén me yàng de ne suǒ mǎ
形帽分不开。那么现实生活中的海盗是什么样的呢?索马

lǐ hǎi dào tuán huǒ zài nián yuè de yì tiān yòng le fēn zhōng chéng gōng qiǎng jié
里海盗团伙在2008年11月的一天用了16分钟成功抢劫

了沙特阿拉伯籍的油轮"天狼星"号超级油轮。在这次行动中,索马里海盗收获了船上的25名船员和价值1亿多美元的原油。这是迄今为止索马里海盗劫持事件中收获最大的一次。

猖獗行径

索马里海盗十分猖獗,平均每4天抢劫一艘过往船只。

现代化武器

索马里海盗使用现代化武器进行抢劫,有些已组成国际海盗团伙。

SIRIUS STAR

"迫不得已"的索马里海盗

AOMI TIANXIA

suǒ mǎ lǐ yuán shì yí gè bǎo shòu zhí mín qīn lüè de fēi
索马里原是一个饱受殖民侵略的非

zhōu guó jiā zhí dào nián cái huò dé shí zhì shang de mín
洲国家,直到1960年才获得实质上的民

zú dú lì dàn bù jiǔ zhī hòu suǒ mǎ lǐ jiù xiàn rù le sì
族独立。但不久之后,索马里就陷入了四

fēn wǔ liè de zhuàng tài guó jì shè huì de tiáo jiě duì yú suǒ
分五裂的状态。国际社会的调解对于索

mǎ lǐ guó nèi de gè pài jūn fá lái shuō bù qǐ sī háo zuò
马里国内的各派军阀来说,不起丝毫作

用。当时的很多穷苦百姓无以为生，纷纷加入海盗队伍。

索马里的海盗，也是"迫不得已"形成的。9.11事件发生后，索马里的大部分地区被武装力量控制着，不得已人们投奔海盗，从此海盗们便在这里横行。不仅如此，部族间的纷争也促使了海盗队伍不断扩大。

现代海盗

现代的海盗已经不再是打着骷髅旗，手拿长刀的独眼龙。现代的海盗船上不仅有机枪，还有电脑和卫星天线，可通过互联网与世界各地的犯罪团伙联系。

海盗活动频繁

从20世纪90年代开始，海盗活动频繁。这促使国际海事局成立了世界上唯一一个海盗警报和救援中心，但海上劫掠行为有增无减。

109

索马里海盗的地理优势

AOMI TIANXIA

dé tiān dú hòu de suǒ mǎ lǐ zhàn jù yōuyuè de dì lǐ wèi
得天独厚的索马里占据优越的地理位

zhì dàn shì tā méi néng chéng wèi suǒ mǎ lǐ rén yī kào qín láo
置，但是它没能成为索马里人依靠勤劳

zhì fù de biàn lì tiáo jiàn fǎn ér
致富的便利条件，反而

chéng le hǎi dào wèi fēi zuò dǎi de tiān
成了海盗为非作歹的天

rán gǎng wān
然港湾。

zhè lǐ shì hǎi dào huó dòng de
这里是海盗活动的

理想地点，也是印度洋上的船只经过红海而进入苏伊士运河并沟通地中海的海上咽喉之地，除此之外，广阔的索马里内陆成为海盗逃跑后退的重要转移空间。最重要的一点是因为苏伊士运河是世界上最繁忙的海上通道之一，对于海盗来说，大量的满载原油和其他货物的货船就是他们取之不尽用之不竭的"猎物"资源。

成绩斐然

索马里海盗近年来"成绩斐然"，据联合国国家海事组织统计：2009年，索马里附近海域发生海盗袭击事件214起，至少47艘船只被劫持，600多名船员遭绑架。不仅货轮遭殃，索马里海盗还劫持过军火船、油轮。

崔钟雷　2012

图书在版编目(CIP)数据

孩子最爱看的海盗奥秘传奇 / 崔钟雷编著.—沈阳：
万卷出版公司，2012.6（2019.6重印）
　　（奥秘天下）
　　ISBN 978-7-5470-1877-4

　　Ⅰ.①孩…　Ⅱ.①崔…　Ⅲ.①海盗－历史－世界－少
儿读物　Ⅳ.①D59-49

中国版本图书馆 CIP 数据核字（2012）第 090615 号

出版发行：北方联合出版传媒（集团）股份有限公司
　　　　　万卷出版公司
　　　　　（地址：沈阳市和平区十一纬路 29 号 邮编：110003)
印 刷 者：北京一鑫印务有限责任公司
经 销 者：全国新华书店
幅面尺寸：690mm×960mm　1/16
字　　数：100千字
印　　张：7
出版时间：2012 年 6 月第 1 版
印刷时间：2019 年 6 月第 4 次印刷
责任编辑：张　黎
策　　划：钟　雷
装帧设计：稻草人工作室
主　　编：崔钟雷
副主编：张文光　翟羽朦　李　雪
ISBN 978-7-5470-1877-4
定　　价：29.80元

联系电话：024-23284090
邮购热线：024-23284050/23284627
传　　真：024-23284448
E－mail：vpc_tougao@163.com
网　　址：http://www.chinavpc.com